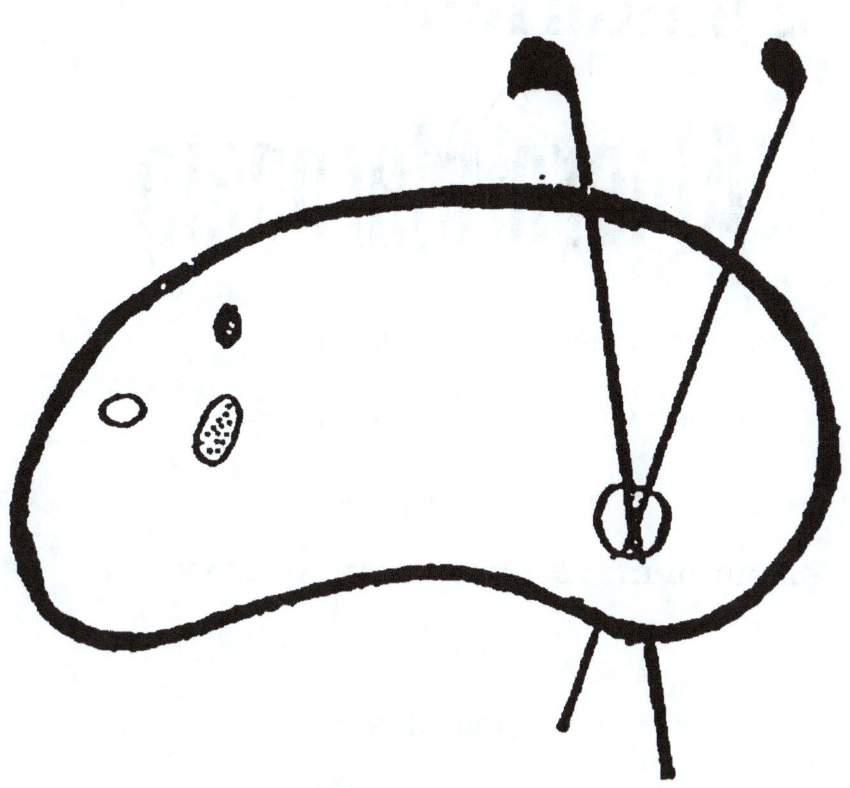

DEBUT D'UNE SERIE DE DOCUMENTS
EN COULEUR

L'Hinterland Algéro-Marocain

OUDJDA — MARTIMPREY

ABERKANE — LA MOULOUYA — PORT-SAY

SUIVI D'UNE ÉTUDE SUR

LA PROPRIÉTÉ FRANÇAISE AU MAROC

par

Raoul BESSON

DIRECTEUR DU SÉMAPHORE DE L'OUEST

LICENCIÉ EN DROIT

PRIX : **1** FRANC

ORAN

IMPRIMERIE L. FOUQUE, RUE D'ARZEW, SOUS LES ARCADES

1910

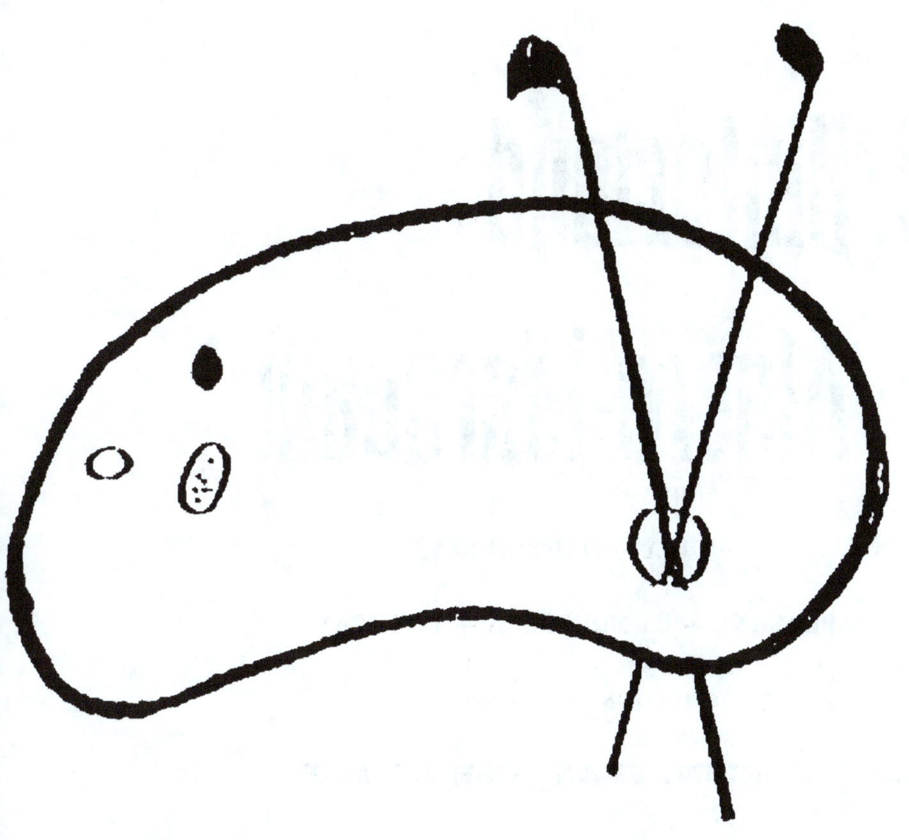

FIN D'UNE SERIE DE DOCUMENTS
EN COULEUR

L'Hinterland Algéro-Marocain

OUDJDA — MARTIMPREY

ABERKANE — LA MOULOUYA — PORT-SAY

SUIVI D'UNE ÉTUDE SUR

LA PROPRIÉTÉ FRANÇAISE AU MAROC

par

Raoul BESSON

DIRECTEUR DU « SÉMAPHORE DE L'OUEST »

LICENCIÉ EN DROIT

PRÉFACE

Sur le conseil de quelques amis j'ai réuni dans cette plaquette, en y ajoutant quelques considérations d'ordre économique, les articles sur l'Hinterland Algéro-Marocain, qui ont été pour la plupart publiés sous ma signature, dans l'Echo d'Oran. Il serait inutile de rechercher dans ces « notes de route » des considérations transcendantes sur la politique mondiale au pays de Moulay-Hafid. C'est une série de films pris au hasard du voyage et qui n'ont qu'un seul mérite, celui d'être marqués au coin d'une observation sincère et d'une bonne foi absolue.

Je m'estimerai heureux, si j'ai pu apporter ainsi une modeste contribution à la vulgarisation de l'œuvre de pacification et de progrès entreprise par la France, dans le Maroc oriental sous la puissante égide de ses glorieuses troupes d'Algérie.

Raoul BESSON.

Oran, le 5 Août 1910.

TROIS ANS APRÈS.....

Sur la chaussée blanche, unie comme un tapis de billard, l'autobus filait bon train.

C'était sur la route de Marnia à Oudjda, que nos légionnaires ont tracée depuis la frontière avec une rapidité et une habileté admirables. A droite et à gauche de la route ensoleillée s'étendait la vaste plaine encadrée par un cirque de montagnes aux tons mauves dont les lointains s'estompaient dans une brume légère. Au milieu d'un bouquet d'arbres, à deux kilomètres de la route po'ntaient les toits en tuiles rouges de la gare-frontière de Zouzg-el-Beghal (Les deux mulets). Singulière gare, en vérité, puisqu'elle est dépourvue de tout chemin d'accès et que si le train vous y conduit, il ne vous permet d'en sortir qu'en revenant sur vos pas pour retourner prendre contact avec les routes ferrées à Lalla-Maghrnia. Mais, un peu de patience, la locomotive n'a pas poussé dans cette région son dernier coup de sifflet.....

Les orges sont coupées ; les blés finissent de mûrir sous un soleil brûlant. C'est le vieux bled algérien, avec ses cultures rudimentaires où l'ouvrier de la terre a fait soigneusement le tour des touffes de lentisques et de jujubiers pour « ne pas gâter sans doute ce que la nature a fait » à moins que ce ne soit dans la crainte d'arracher ce fameux « poil dans la main » pour lequel le vieux musulman de la plaine a toujours eu un culte confinant à la vénération.

Mais comme tout cela changera quand le trisoc du colon aura éventré la terre et débarrassé le sol des maigres broussailles qui en occupent un bon tiers !

— Vous voyez ce grand bois à gauche, me dit le colonel X... ce sont des betoum et de fort beaux betoum... Ce bois a son histoire. C'est là, sous ces beaux arbres, que Bugeaud avait installé son camp et concentré toutes ses forces en vue d'une action définitive contre l'Emir... C'est de là qu'il est parti pour gagner la bataille d'Isly qu'il devait assurer à la France tous les territoires situés jusqu'à la Moulouya si une fâcheuse ressemblance de noms n'avait fait confondre la Moulouya avec la Mouïla, nom que prend la rivière d'Isly en s'approchant de Maghnia.

Cependant, l'autobus filait toujours à une bonne vitesse commerciale de vingt kilomètres à l heure. Nous avions franchi la frontière, qui n'est indiquée d'ailleurs par aucun signe tangible, borne, poteau ou fossé, et bientôt nous apercevions à l'horizon le magnifique dôme de verdure que forment les grands arbres des jardins d'Oudjda.

On sait que l'occupation de la vieille bicoque marocaine fut décidée après l'assassinat du docteur Mauchamp à Merrakech, en mars 1907. Toutes les satisfactions que nous réclamions du Maghzen ayant été repoussées, la France estima que la longanimité dont elle avait fait preuve devait avoir une fin, qu'il était temps, en un mot, de passer de « la manière douce » à « la manière forte ».

Une petite colonne partie de Maghnia le 11 avril 1907 se dirigea vers Oudjda, mais elle rencontra presque à mi-route les notables d'Oudjda qui apportaient les clefs de la ville... sur un plateau.

C'était prudent de le part des Oudjdiens, car si l'enceinte continue de la bicoque peut arrêter l'infanterie et la cavalerie, une demi-douzaine de projectiles à la mélinite auraient vite fait d'y pratiquer une brèche suffisante pour donner l'assaut. Or les Oudjdiens, population de mercantis défiants et rusés, qui n'ont jamais passé pour des foudres de guerre, ne tenaient pas précisément à faire connaissance avec la baïonnette de nos troupiers africains.

La ville se rendit donc sans coup férir ; il n'y eut pas une goutte de sang versé.

Qu'était-il advenu de ce bled, après trois années d'occupation ? De quelle manière et sous quels effets tangibles pouvaient se manifester l'invasion, dans ce coin reculé du Maroc, de la Civilisation et du Progrès ? Voilà ce qu'il était intéressant de connaître. Je n'allais pas tarder à être fixé, car voici dans le lointain Bab-el-Khémis qui profile sa blanche silhouette. Nous arrivons... nous sommes arrivés...

***

Dans un vacarme retentissant d'appels de trompe, précaution qui n'a rien d'inutile dans un pays très habité mais dont les voies principales ne rappellent qu'assez vaguement au boulevard Séguin, la robuste machine a franchi le Bab-el-Khemis, porte principale d'Oudjda. Nous sommes en ville... pas pour longtemps, d'ailleurs, car la partie européanisée de la vieille cité oudjdienne n'a guère plus de cent cinquante à deux cents mètres de longueur et ne se compose que de quelques maisons à simple rez-de-chaussée.

A l'extrémité de cette rue, c'est le noir inquiétant des vieilles villes arabes, tout un conglomérat de culs-de-sac, de voûtes et de ruelles fétidès, peuplées de haillons éclatants, bleus jaunes et verts qui couvrent de petits gosses à mine ahurie.

Comme stupéfaite en présence d'un pareil tableau, la machine moderne s'arrête brusquement, en vomissant, dans un hoquet d'agonie, l'haleine empuantie de pétrole qui s'échappe de ses flancs surchauffés.

Nous sommes arrivés. Et voici que de tous côtés, au milieu de ces faces pâles et comme figées dans un masque d'impassibilité voulue des mercantis oudjdiens, pointent les joyeux visages cuits et recuits par le soleil d'Afrique de nos braves troupiers.

Quelle gailllarde et énergique dégaîne, ils vous ont ! Avec quel plaisir on aperçoit tous ces uniformes mélangés de spahis, chasseurs, tirailleurs, artilleurs, zouaves et tringlots s'agitant dans l'étroit boyau qui conduit au gite qui termine cette première étape.

Pas une figure de connaissance pourtant dans cette foule bigarrée. Quelle guigne !! Mais voici que d'un groupe part une voix sonore :

— Eh, vous voilà, vieux lascar, qu'est-ce que diable vous f...ez dans ce sacré bled ? »

Et un quart d'heure plus tard, sur la terrasse de l'hôtel, tandis que des formes indécises de femmes juives et arabes se profilaient sur les toits voisins, nous absorbions avec délices l'apéritif glacé.

A nos pieds s'étendait la ville toute blanche, les petites maisons serrées, tassées au point que l'on n'aperçoit pas trace de rues. Le minaet d'une antique mosquée que l'autorité française fait retaper à neuf domine l'ensemble. Les splendides jardins qui entourent l'enceinte crénelée, ceinturent d'une verdure intense les blancheurs crues de la vieille cité. On dirait d'un bol d'œufs à la neige tombé par hasard dans un plat d'épinards.....

Bientôt, le grand calme du soir tombait sur ces murailles archaïques dont les trompettes de nos petits Chasseurs ont réveillé subitement les habitants endormis depuis des siècles dans les ténèbres profondes de l'Islam.

Il se fait tard. La journée a été terriblement chaude et l'on s'est levé de bien bon matin. Il faut dormir — si la section entomologique qui paraît représentée copieusement par les plus malfaisantes variétés d'insectes — veut bien nous laisser un peu en paix dans les bras du secourable Morphée.

OUDJDA

**L'hygiène publique. — Les Marchés. — Le Jardin.
Le Camp. — La Douane Marocaine.**

Dès que l'autorité militaire eut pris possession d'Oudjda, son premier soin fut de faire procéder à une désinfection sommaire des rues et des glacis de la vieille forteresse musulmane.

Ce n'était point une besogne inutile. Le service de la voirie aussi bien que celui de l'équarissage y étaient totalement inconnus. Quant aux balayeurs, ils ne se mettaient jamais en grève comme à Oran, pour l'excellente raison que la corporation n'y était pas représentée. Des corvées se hâtèrent donc d'enlever les tas d'ordures et d'immondices qui infestaient les rues de la ville et de faire disparaître les détritus et les cadavres d'animaux en décomposition qui formaient le plus bel ornement des glacis. A l'heure actuelle, l'autorité militaire tient la main à ce que les Oudjdiens observent tout au moins les règles les plus élémentaires de la propreté et de l'hygiène. Aussi, l'état sanitaire de la ville est-il satisfaisant.

Une courte promenade en ville me conduisit au camp. Le yaouled qui me pilotait en tapant sur sa boîte à cirage avec la maëstria d'un de ses « collègues » oranais, me fit visiter le marché aux fruits et légumes qui est parfaitement approvisionné et présente à l'acheteur d'appétissants produits : cerises, abricots, tous les fruits et légumes de la saison.

Un peu plus loin, au Sud, voici le marché aux bestiaux et aux laines. Il s'y fait d'importantes transactions, mais qui ne donnent pas l'impression d'un gros mouvement d'affaires, parce que le marché a lieu tous les jours, sauf le dimanche et que le chiffre d'affaires y est ainsi fractionné.

Les principaux produits, en dehors des moutons et des bœufs, consistent en toisons de laines et en beurre arabe. Depuis quelque temps ce dernier article a sensiblement augmenté de prix. Les œufs et la volaille, qui étaient autrefois presque pour rien, sont payés à peu près au même prix que sur les marchés algériens. Quant au gibier, il est très abondant pendant la saison, mais il a fallu défendre la chasse pendant une partie de l'année, car l'extermination y allait d'un tel train qu'avant peu un perdreau y eut été aussi rare que dans la banlieue de Marseille.

Par des ruelles ravinées et raboteuses où des « têtes de

chat » infligent aux malheureux piétons pourvus de cors aux pieds un supplice que n'aurait pas osé imaginer le grand spécialiste du genre, le féroce Moulay Hafid, nous sortons par la porte du Sud, et en contournant les remparts bordés de splendides bosquets d'oliviers, de figuiers, grenadiers, betoums et caroubiers, au milieu desquels serpentent les eaux limpides des fontaines de Sidi Yahia, nous arrivons au camp français situé à cinq cents mètres environ des portes.

.

Le camp d'Oudjda constitue en ce moment une des agglomérations militaires les plus importantes de l'Algérie et de la Tunisie. On n'y compte pas moins de 1800 à 2000 hommes de toutes armes : spahis, chasseurs, tirailleurs, artilleurs, sapeurs du génie, train des équipages, toutes les armes y sont représentées et par de solides gaillards qui n'ont pas l'air d'avoir précisément froid aux yeux.

Le commandement y utilisa au début quelques vieilles baraques pour y installer les services administratifs ; mais les soldats devaient camper sous des « marabouts », situation d'autant plus pénible que sur cette colline, flambée de soleil, il règne pendant une grande partie de l'année une chaleur torride. Peu à peu, des pavillons en maçonnerie ont remplacé les installations provisoires. À l'heure actuelle, les troupes indigènes sont seules à vivre sous la tente. Au milieu du camp, une construction très élégante de style arabe, dominée par un minaret, égaie de son architecture polychrome l'ensemble des bâtiments et des guitouns de tous modèles.

Un grand mouvement, une activité fébrile règnent dans le camp. On va faire colonne... Et quand il s'agit de « faire colonne » tout le monde veut en être... Où va-t-on ? là-bas vers l'Ouest ; on touchera en passant à El-Aïoun-Sidi-Mellouk et on poussera jusqu'à Taourirt. Mais si bavard que soit naturellement le journaliste, il est des instants où il doit se pénétrer plus que quiconque de toute la valeur du vieux proverbe arabe : « La parole est d'argent, et le silence est d'or... »

Nous voici de retour en ville, après une belle et très intéressante promenade dans les merveilleux jardins où une végétation luxuriante s'épanouit sous le bon soleil d'Afrique. Ah, s'il y avait de l'eau partout comme à Oudjda quelles merveilles ne pourrait-on réaliser dans l'Afrique française !

Les bâtiments de la Douane s'élèvent à l'entrée de la rue européenne, tout près de la porte dite « El Khremis ». Devant les portes s'accumulent des sacs et des caisses de sucre, des ballots de thé et de café, des colis de bougies et de savons que des portefaix déchargent des charrettes arrivant de Maghrnia. Le moment est venu de vérifier la valeur de quelques renseignements plutôt pessimistes qui m'avaient été fournis à Maghrnia.

Je m'informe, et voici le résultat de ma petite enquête :

La douane marocaine d'Oudjda fonctionne, comme on le sait, sous le contrôle du Gouvernement français. Le total des droits perçus est affecté, une partie à l'entretien de la ville, l'autre au paiement des intérêts des sommes à nous dûes par le Maghzen. Nous avons donc un intérêt capital à ce que le chiffre de ces recettes se maintienne au plus haut degré possible. Or, il est malheureusement certain qu'il a des tendances à baisser. Voici pourquoi :

Le Gouvernement espagnol a déclaré depuis l'année dernière, Melilla *port franc* : c'est-à-dire que toutes les marchandises débarquent dans ce port exemptes de droit, et comme il n'existe plus de douanes marocaines dans la région de Melilla cette franchise de droit y est complète, absolue. Or il n'en est pas de même à Oudjda où le droit de 10 °/₀ *ad valorem* continue à être appliqué.

Prenons un exemple : Le sucre, article principal de consommation au Maroc, vaut en moyenne 50 francs les 100 kilogs au port de débarquement. Passant d'Oran pour aller au Maroc, sous le régime de l'entrepôt, il ne paie pas de droits d'octroi de mer, mais il arrive à Oudjda grevé de frais de transport et d'entrepôt auxquels il faut ajouter le droit de 10 °/₀, soit cinq francs par cent kilos : ce qui revient à dire qu'une caisse de cent kilos de sucre, qui coûte à Melilla 50 francs, vaut à Oudjda 58 à 59 francs.

Inutile de dire que cet écart important suffit pour drainer vers Melilla tout le trafic des tribus qui échappent à notre action directe, car pour le Marocain, cinquante kilomètres de plus ou de moins à franchir pour se rendre au point de ravitaillement ne comptent pas.

L'administration civile d'Oudjda s'est vivement préoccupée de cette situation à laquelle elle cherche en ce moment à porter remède ; il est à souhaiter qu'elle y réussisse, car nos intérêts commerciaux seraient gravement compromis dans cette région, si le *statu quo* ne s'y améliorait rapidement. (1)

Oui, en vérité, ce serait grand dommage, car en contemplant l'œuvre accomplie en si peu de temps dans ces régions, grâce au dévouement des uns et aux talents mili-

---

(1) Depuis que cet article a été écrit, les droits ont été abaissés à 4 °/₀, ce qui rend évidemment la concurrence Epagnole moins dure à affronter.

taires des autres, on éprouve quelque fierté à penser que la France, en ouvrant à l'activité commerciale et agricole des Algériens et de l'industrie française les portes d'un pays qui ne demande qu'un peu de paix et de sécurité pour être prospère, a rempli une fois de plus une grande et glorieuse mission.

MARTIMPREY

A travers le bled. — Le col de Guerbouss

Nous ne pourrons guère faire plus de 20 à 25 à l'heure, annonça le chauffeur des 24 H. P., qui nous trimballait vers Martimprey, car je ne connais qu'imparfaitement la route, mais je sais qu'elle n'est pas encore complètement empierrée et qu'elle est occupée en certains endroits de « cassis » dangereux.

Par un brouillard assez épais, dont les lambeaux détachés des flancs du Birou traînaient en haillons cotonneux sur les cultures, nous traversions la plaine des Angad sur toute l'étendue qui sépare Oudjda du camp de Martimprey, soit 42 kilomètres environ. Pour éviter les fortes chaleurs, nous avions quitté la petite capitale de l'amalat d'Oudjda dès la pointe du jour et voilà, que sous la main experte et avertie du petit chauffeur de M. S., nous arrivions dans le « Bled Amrass » au pied du Guerbouss. Les récoltes de belle apparence dont le sol était encore recouvert dénotent un pays fertile, et de fait les terres de la région qui s'étend au pied des montagnes dans cette partie des Angad sont en général d'excellente qualité ; malheureusement les points d'eau y sont rares.

Bientôt nous escaladons les lacets de la route qui franchit le col de Guerbouss en s'accrochant aux flancs de la montagne et nous apercevons Martimprey juché sur son mamelon, comme une sentinelle en faction, devant la belle plaine des Triffas dont les ondulations s'étendent à perte de vue.

Quand j'emploie le mot de « route » pour désigner les voies de communication qui sillonnent en ce moment l'Hinterland, j'anticipe un tant soit peu sur l'avenir. Pour l'instant, sauf la grande route d'Oudjda les chemins ne sont encore empierrés que dans certaines parties ; mais les tas de cailloux roulés apportés par les indigènes sur les bords de la piste vont bientôt être cassés par les « joyeux » et le cylindre viendra terminer la besogne.

Puisque je suis sur le chapitre des routes, il n'est que juste de rendre hommage à l'activité incroyable déployée par les autorités militaires et civiles pour mettre en communication les centres stratégiques ou commerciaux les plus importants des Beni-Snassen. Ce programme comporte d'abord deux grandes voies à peu près parallèles à la mer l'une, de Marnia à la Moulouya par Martimprey, Aberkane et Cheraa, l'autre, au sud du massif, de Marnia à El-Aïoum-Sidi-Mellouk par Oudjda et Aïn-Sfa avec prolongement éventuel sur Taourirt et la moyenne Moulouya. La première de ces routes traverse dans toute sa largeur sur un parcours de 40 kilomètres la plaine des Triffas ; la deuxième dessert sur un parcours de 75 kilomètres qui va être porté à 120 la belle plaine des Angad.

Ce n'est pas tout, deux autres routes sont perpendiculaires à la mer. L'une relie Oudjda à Port-Say par le col du Guerbous et Martimprey (55 kilomètres environ) ; l'autre traversant le massif des Beni-Snassen, étend ses lacets de Taforalt à Aberkane et de là à Port-Say par la plaine des Triffas et le Tazremaret. On peut, sans se montrer trop optimiste, escompter la réalisation complète de ce programme avant un an, car on déploie une grande activité et la main-d'œuvre ne manquera pas par suite de l'augmentation très prochaine des effectifs du « bataillon ».

Le village de Martimprey est venu tout naturellement s'accoler au fameux camp de sinistre mémoire où nos troupes furent littéralement décimées par le choléra lors de l'expédition de 1859. Au cas où certains lecteurs de ce journal ignoreraient que le terrible fléau y fut apporté par nos soldats, j'ajouterai de suite que la situation géographique du pays n'y était pour rien, qu'il n'existe dans cette région aucun marais ou bas-fond capable d'engendrer des maladies épidémiques et que le climat y est au contraire d'une salubrité parfaite.

Le village comporte aujourd'hui une centaine de maisons qui se sont élevées avec une rapidité prodigieuse en moins de deux ans à la suite de l'insurrection provoquée, par le fameux marabout Boutchich dont la casbah s'aperçoit accrochée comme un nid d'aigle à un des escarpements du Guerbouss.

Un drôle de type, au demeurant, que ce Boutchich. On paraît aujourd'hui un peu revenu sur son compte, puisqu'il habite une de ses propriétés dans la montagne voisine. Les uns affirment que c'est une vieille fripouille, d'autres que c'est un brave homme qui s'était lui-même laissé monter le coup lorsqu'il lança ses hordes de montagnards sur les défilés de Bab-el-Hassa. Je ne me charge pas de résoudre la question, mais ce qui est bien certain c'est que cette levée de boucliers coûta la vie au lieutenant de Saint-Hilaire à son sergent Poggi et à 20 tirailleurs de la compagnie qui s'était portée en toute hâte à la rencontre de la harka.

.

Donc, le village de Martimprey a poussé comme un champignon et il paraît aujourd'hui doué d'une constitution assez robuste pour demeurer vivant et viable. Ce centre ne sera cependant jamais, suivant toute vraisemblance du moins, un pays agricole. Les terres arables de quelqu'étendue ne commencent en effet à se rencontrer qu'à deux ou trois kilomètres du village et les cônes d'origine volcanique dont les pitons s'élèvent dans la direction du Nord et du Nord-Ouest ne se prêtent à aucune culture rémunératrice.

Mais par sa situation de poste-frontière commandant tout le massif montagneux de Marnia à Port-Say — le poste de la douane marocaine est dans le village et l'Oued-Kiss qui forme la frontière coule à deux cents mètres des maisons — Martimprey a son avenir assuré. De plus, ce village forme comme le moyeu d'une roue dont les jantes seraient représentées par les routes d'Oudjda à la mer, de Mohamed-Aberkane à Oudjda et de Lalla-Maghnia aux Triffas ; il restera donc forcément un pays de transit, un immense fondouk où fraterniseront les charretiers de tout le pays dirigeant leurs attelages vers les points de ravitaillement de l'Hinterland.

Il règne cependant à Martimprey, en ce moment même, une véritable consternation. La compagnie du 1er Étranger qui y tenait garnison vient de partir en colonne vers le Sud-Ouest et le bruit court avec insistance qu'elle ne reviendra plus. Aussi les habitants qui ont engagé d'assez grosses dépenses pour s'installer dans le village, voient-ils avec infiniment de peine, un des facteurs les plus important de leur prospérité disparaître au moment où ils s'y attendaient le moins. Pour quelques-uns d'entre eux, c'est presque la ruine. En me faisant l'interprète de leurs doléances, je crois que je ne fais point mauvaise besogne, car l'initiative et l'énergie dont ils font preuve rendent ces hommes d'avant-garde très précieux et il ne faudrait pas les décourager.

Le courrier de Mohamed-Aberkane fait sonner ses grelots : je grimpe dans le véhicule car j'ai hâte de visiter ce pays dont on dit partout merveille.

ABERKANE

Les Joyeux. — La Source Folle. — La Vallée du Zegzel-Aberkane.

Le faciès tanné du conducteur de la patache venait en effet d'apparaître à une des brèches de la muraille d'enceinte du marché. L'homme me faisait signe que l'on allait partir.

J'étais précisément en contemplation devant « l'étalage » d'une pauvre vieille mouquère dont un restant de guenille dissimulait à peine les yeux flambants dans un masque de marron sculpté.

Elles étaient comme ça plusieurs centaines assises sur

le sol poudreux avec trois ou quatre œufs ; gros comme une gargoulette de petites brichettes noires qui sont des morceaux de mouton desséchés au soleil et deux ou trois poignées d'amandes dépouillées de leurs coques. Elles ont fait dix, quinze, vingt kilomètres pour apporter au marché ces denrées étranges qui valent peut-être douze à quinze sous. Transformées en numéraire, ces marchandises minables serviront à acheter un peu d'huile et de semoule que l'on rapportera sous la kheïma où attend la nichée de marmots. Et quand on voit ces choses, on se demande à quelles limites peut arriver la misère humaine...

Le marché de Martimprey a lieu tous les lundi et samedi. Il n'est pas très important, mais il est régulièrement suivi et fréquenté par les indigènes des tribus voisines. L'orge, les moutons, la laine y sont l'objet de quelques transactions ; les animaux de trait, ânes, mulets et chevaux y sont rares et le plus souvent assez chérs.

Cela tient sans doute — car on ne saurait l'expliquer autrement dans un pays de peuples pasteurs — à ce que la région a été désolée avant notre prise de possession, par des guerres continuelles de tribus à tribus, sans parler des razzias que venaient y effectuer parfois les gens du Regui ou les collecteurs du Maghzen.

Quoiqu'il en soit, un bourricot de taille très médiocre se vendait 70 à 75 francs. Par contre, la viande de mouton était offerte à l'étal primitif des bouchers indigènes — une perche en travers sur deux fourches — à des prix plus qu'abordables. Les acheteurs pouvaient s'offrir la moitié d'un bon « broutard » pour la modeste somme de trois francs.

La voiture a dévalé les pentes du côteau sur lequel est

bâti Martimprey ; les cônes du « Trépied des Géants » s'effacent peu à peu dans le lointain ; nous avons déjà franchi une rivière aux eaux limpides que l'on dénomme l'Oued Arbal et laissé à gauche un camp de trente à quarante marabouts où les troupiers sont armés de pioches et de pelles au lieu et place de fusils et de baïonnettes.

Ce sont les « Joyeux » du batt d'aff qui exécutent les travaux de la route de Martimprey à Aberkane. En dépit de leur surnom, ils n'ont pas l'air de s'esclaffer. Le métier des armes, quand il se présente sous la forme d'un tas de caillasse à casser et à étendre ensuite sur la piste que l'on a tracée, ne leur plait pas outre mesure.

Finies les nocturnes randonnées en compagnie des aminches sur le talus des fortifs ! Finies les glorieuses ripailles chez le bistro de la Maub ou du Sebasto dans l'attente du productif retour de Casque d'Or. Hélas, la caillasse des Ponts et Chaussées a remplacé « celle » que fournissait cette pauvre Lisa la Rosse de Saintlazaresque mémoire. Le bon Joyeux estime qu'il n'a pas gagné au change.....

Nous en retrouverons d'autres plus loin, à la source d'Aïn Regada, lavant leur linge dans les eaux limpides de la fontaine et étalant aux chauds rayons du soleil leurs torses ornementés de tatouages à rendre jaloux l'artiste le plus habile, en ce genre, de la Nouvelle-Guinée. Bien traités par leurs officiers, quand ils ne font pas la mauvaise tête, bénéficiant, en raison de la contribution — peut-être un peu involontaire — qu'ils apportent à la mise en valeur du pays d'un « ordinaire » soigné, les Joyeux quittent de temps à autre la pioche pour reprendre le maniement d'armes ; car il ne faut pas oublier qu'ils sont armés et qu'ils comptent même dans leur histoire de très glorieuses pages. Est-il bien nécessaire d'évoquer le souvenir de Mazagran dont l'héroïque défense fut assurée par le capitaine Lelièvre et ses 123 lapins ?

.

Je viens de parler d'Aïn-Regada. Cette fontaine superbe sourd d'une sorte de puits en pisé d'un mètre environ de diamètre et de 1 m. 50 de profondeur. Son débit est énorme et pourrait facilement mettre en mouvement un assez fort moulin. Les eaux, légèrement ferrugineuses en sont d'excellente qualité. Malheureusement, cette source — ainsi que son nom l'indique (la source folle) — est intermittente. Elle s'arrête brusquement de couler, parfois pendant une heure, deux heures, ou bien encore deux ou trois jours ; les Marocains disent même qu'il y a quelques années, le puits resta complètement desséché pendant plus d'un mois.

Quand la saison d'hiver èst pluvieuse, la source tarit peu ou point. C'est ainsi, que cette année, son débit a été d'une régularité parfaite. On attribue ce phénomène d'intermittence à ce fait que les failles souterraines, adductrices de l'eau, seraient coupées d'un syphon naturel qui cesse de fonctionner quand il n'est plus amorcé.

Les restes d'un ancien château-fort, de construction analogue à celle du Mansourah, sont là pour attester toute l'importance que les rois du pays attribuaient à cette source merveilleuse ; on m'avait même affirmé que l'on y retrouvait des traces de l'occupation romaine. Je dois à la vérité de déclarer que les vestiges de cette époque reculée m'ont paru du domaine de la légende.

Inutile d'ajouter qu'avec des réservoirs et des barrages, l'Aïn-Regada, si folle qu'elle soit, permettra d'irriguer de vastes espaces de terrains dont la fertilité naturelle sera prodigieusement augmentée par ce facteur indispensable de la vie des végétaux.

∴

A partir d'Aïn-Regada, qui est située à peu près à mi chemin entre Martimprey et Aberkane, nous entrons dans la région où les colons algériens se sont rendus acquéreurs de vastes terrains. Il est facile de se rendre compte de l'excellente qualité de la terre par les tranchées creusées çà et là par les Joyeux pour le redressement du profil de la route.

On évalue à près de 15.000 hectares le montant des acquisitions faites par les Français venus de la province d'Alger et de la province d'Oran. Les défrichements sont en général peu coûteux, mais il faut naturellement compter, là comme partout, sur le régime des pluies : ce qui paraît bien certain, c'est que les années où les écluses célestes fonctionneront d'une façon normale, les récoltes seront très abondantes.

Paresseusement allongé aux pieds du Zegzel dont les vergers splendides d'orangers, de citronniers, de grenadiers et de figuiers, étaient réputés bien avant l'occupation, voici Aberkane qui apparaît à l'horizon. C'est là plus que partout ailleurs que l'on peut se rendre compte de la dose intense d'initiative et d'activité que possèdent les colons algériens.

En moins de deux ans, un gros bourg a surgi sur les bords de l'oued. Plus de cent maisons qui vont s'augmenter de trente ou quarante actuellement en construction se sont édifiées sous la protection du camp situé sur la colline de l'autre côté de l'oued. Il règne dans ce pays, jadis perdu, une vie et un mouvement incroyables. A côté des établissements agricoles, on y compte déjà quelques industries telles que la distillerie et la minoterie. La brise de la mer y rafraîchit suffisamment l'atmosphère ; le climat y est salubre ; les moustiques de la variété malfaisante (les anophèles) y sont rares. Tout concourt, en un mot, pour donner à ce pays l'espoir d'une vitalité puissante, car Port-Say n'est qu'à 25 kilomètres de là et l'embarquement des marchandises, s'il est parfois retardé par le mauvais temps, y est quand même assuré.

Actuellement, les communications avec Marnia y sont assez laborieuses. Il faut partir d'Aberkane à 7 heures du matin pour arriver entre 5 heures et demi et 6 heures du soir, mais avant très peu de jours, le courrier quittera Aberkane à 4 heures du matin pour arriver à Marnia à 1 heure de l'après-midi. Le train de Marnia à Oran partant à 2 heures 18, les voyageurs seront à Oran à 10 heures et demi du soir ; la durée du trajet sera donc réduite à un jour, mais il est absolument indispensable de procéder à la réfection de la route surtout dans la partie située entre Bou-Djenan et Marnia, car si la chaussée n'est pas mise en état il est certain que l'hiver prochain les communications seront coupées complètement. Ce serait vraiment désolant pour les colons qui viennent d'engager de grosses dépenses avec une initiative vraiment digne d'éloges.

TAFORALT. — L'EMBOUCHURE
DE LA MOULOUYA. — LES BENI-MANSOUR

Pour avoir une vision exacte du massif des Beni-Snassen et en bien déterminer les systèmes hydrographique et orographique, il faut monter à Taforalt.

Ce poste militaire, situé à une altitude de 860 metres, est à peu près au centre du massif lequel s'étend parallèlement à la mer sur une longueur de 50 à 60 kilomètres tandis que sa largeur maximum ne dépasse pas 25 à 30 . De Taforalt, par l'échancrure de la vallée du Zegzel, on aperçoit à l'œil nu par temps clair les rivages de la mer et les îles Zaffarines. C'est un point stratégique important qui est relié à Oudjda par les routes passant à Bou-Ouhria et Aïn-Sfa et à la mer par Aberkane et Port-Say.

C'est dans ce pays montagneux, sur les déclivités qui dévalent des cimes vers la plaine des Triffas et principalement dans la vallée du Zegzel, que les autochnones d'origine berbère, bons travailleurs et habiles jardiniers, cultivent avec succès depuis des siècles ces belles orangeries dont les superbes produits alimentent les marchés de l'hinterland pendant sept à huit mois de l'année.

Toute cette région paraît donc singulièrement privilégiée car abondamment arrosée par l oued Aberkane et autres cours d'eau de moins d'importance, elle fournit aux troupeaux assez copieuse pâture pour qu'ils y prospèrent ; elle est, grâce à la richesse du sol de la plaine, particulièrement propice à la culture des céréales et enfin elle produit en abondance des fruits d'excellente qualité

Ajoutons qu'il est très probable sinon certain, que la vigne y réussirait parfaitement. Mais il y a assez à faire pour le moment avec les céréales et le bétail sans qu'il soit nécessaire de songer à une culture exigeant un assez fort capital de premier établissement puisqu'elle n'entre malheureusement en rapport qu'au bout de quatre ans.

Si l'on en croit le récit qui nous en a été fourni par les journaux du tout récent voyage du Gouverneur de l'Algérie dans l hinterland algéro-marocain, M. Jonnart se serait écrié en contemplant le panorama de la plaine des Triffas :

« Mais ce pays est vraiment beau ; on se croirait dans la plaine de la Metidja ! »

La comparaison était heureuse car le massif des Beni-Snassen formant la toile de fond, tandis que les sommets des Kebdanas barrent l'horizon à l'Ouest, l'impression que l'on reçoit de ce paysage grandiose est bien celle que donne une vue d'ensemble prise du centre de la Metidja sur les montagnes de Blida et les escarpements du Zaccar.

Toutefois, l'écrin de la plaine des Triffas possède un joyau, que lui envierait la riche et fertile plaine de la Metidja : Ce joyau, c'est la Moulouya.

Je savais bien que la Moulouya était un cours d'eau de quelqu'importance, qui n'avait rien de commun avec ces torrents desséchés que l on dénomme en plaisantant des « ued », c'est-à-dire des oued sans o ; mais je songeais à une Tafna ou à un Chéliff quelconque au lit coupé et envahi par les bancs de sable charriés par les pluies d'hiver.

Quel fut mon étonnement lorsqu'en arrivant à la la dernière « boucle ». Je vis couler à mes pieds une majestueuse nappe d'eau de 150 mètres de large sur deux à trois mètres de profondeur.

Sur la rive des Kebdanas, une ligne de beaux arbres

marquait le contour des berges tandis que le pic de Tou-
bount, crochu comme un bec de perroquet, dressait vers
le ciel une pointe menaçante.

C'était beau, vraiment beau et quand on sait que, même
en pleine canicule, le niveau de ces eaux limpides, des-
cendus des cimes neigeuses du grand Atlas marocain, ne
baissent que d'une façon peu appréciable ; quand on songe
que des chalands construits à cet effet pourraient remon-
ter le fleuve jusqu'à 25 kilomètres au moins de son embouchure, on se dit que cette artère fluviale est appelée
forcément à jouer un rôle économique considérable dans
l'avenir de ce pays. Reste à savoir si les apports de sable ne
se reformeraient pas, en dépit de dragages continus
occasionnant ainsi une « barre » qui rendrait l'accès d'un
port tout particulièrement dangereux. Cette question fait
déjà l'objet de nombreuses controverses.

Une embarcation montée par deux européens apparait
au détour de l'estuaire. Elle met le cap sur le rivage français, et bientôt les deux hommes sautant lestement à terre,
s'avancent vers nous. Le plus âgé, une tête reliée en cuir
de Cordoue greffée sur un cou gaufré comme du cuir marocain, nous adresse poliment la parole.

C'est le maître de port espagnol du Cap de l'Eau. Il vient
prier mon hote. M. O. de lui prêter son bateau de pêche et
ses filets pour tenter un fort coup de « bouliche » sur les
grèves du territoire espagnol. Il fournira les vingt ou
trente hommes nécessaires à la manœuvre et l'on partage-
ra la pêche.

Affaire conclue. L'équipe franco-espagnole se met im-
médiatement en route. L'embarcation déborde sous un
vigoureux coup d'anspect et ne tarde pas à disparaitre au
tournant du fleuve. Souhaitons que Français et Epagnols

soient toujours aussi bien d'accord sur les rives de cette
nouvelle Bi lassoa.....

De l'embouchure de la Moulouya à Port-Say la distance
n'est que de 20 à 22 kilomètres environ, mais cette région,
qui porte le nom de plaine des Beni-Mansour, n'est encore
traversée par aucune voie carrossable. Une mauvaise piste,
un « trik » marocain envahi par le sable des dunes et
coupé de lentisques et de jujubiers constitue le seul moyen
de communication entre la rivière et la jolie station commerciale et balnéaire de Port-Say.

Les européens n'ont pas encore planté leur tente dans
ce pays. Seul, un négociant Oranais a fondé à quinze cents
mètres de l'embouchure une importante factorerie où il
vend aux indigènes tous les articles de denrées nécessaires
à leur consommation.

Les indigènes de la plaine se livrent à la culture des
céréales et à l'élevage des troupeaux ; ils paraissent assez
aisés car on rencontre à chaque instant d'importantes
meules de paille et les moutons, les bœufs et les chevaux
tondant l'herbe des terrains de pâture, sont vigoureux et
en bon état. Mais voici qu'à l'horizon la casbah de Saidia
laisse apercevoir ses murailles crénelées et que les blan-
ches maisons de Port-Say émergent d'un fouillis de verdure que dominent la montagne de marbre et le bordj des
Bocayas ; nous longeons les murailles de la vieille Casbah
où d'importante maisons de commerce ont fondé des établissements en pleine activité et nous pénétrons par une
allée bordée de platanes, dans le village de Port-Say.

Cette ravissante station a déjà fait l'objet de descriptions
détaillées. Je ne l'avais pas revue depuis près de trois ans

et mon dernier voyage m'avait laissé une impression plutôt pénible, puisqu'il avait eu lieu pendant que les arabes
investissaient le village.

J'y ai constaté de très grandes et réelles améliorations.
Les deux marigots situés entre la montagne et la mer ont
disparu sous de luxuriants bosquets d'arbres et de massifs
de fleurs. De nouvelles constructions élégantes et cossues
sont venues se grouper autour de l'habitation de M. Louis
Say, l'homme énergique et tenace qui a sacrifié sa fortune
et sa vie à la création de ce petit Eden africain. C'est un
coin frais et embaumé où il fait bon se reposer des mar-
ches et contre-marches accomplies sous les ardeurs un
peu lancinantes du bon vieux Phœbus africain. C'est aussi
la porte de sortie naturelle du bassin de la Moulouya.

PORT-SAY ET NEMOURS

Cette opinion ne saurait être évidemment — il n'est pas
que M. Josse qui soit orfèvre — celle des habitants de Nemours lesquels revendiquent hautement pour leur future
port le trafic de la plaine des Triffas, de la région d'Oudjda
et de tout l'Hinterland.

Une pareille prétention ne résiste pas à l'analyse ou
même à un simple examen de faits matériels. Il suffit, si
on ne peut aller visiter la région, de prendre une carte
d'Etat-major ou simplement une bonne carte ordinaire
pour constater que les bassins commerciaux de la vallée
du Kiss et de la Moulouya ne sauraient écouler leurs produits sur Nemours sans que ces produits soient grevés de

frais de transports considérables tandis qu'en empruntant la voie de Port-Say, ces frais sont presque nuls.

Mohamed-Aberkane que l'on peut considérer comme devant être la future capitale de la superbe région agricole des Triffas n'est situé qu'à 24 kilomètres de Port-Say tandis qu'une distance de 65 kilomètres le sépare de Nemours.

Et quels kilomètres !! La route d'Aberkane à Nemours après avoir franchi les 27 kilomètres qui séparent Aberkane de Martimprey, pénètre en effet dans le massif tourmenté et presqu'inaccessible du Chaïb-Rasso par le col de Bab-el-Hassa. Le profil de la route s'allonge péniblement au travers des ravins et des montagnes de ce pays désolé et ou toute culture paraît impossible. L'établissement d'une voie ferrée y serait fort coûteuse et comme capital de premier établissement et comme frais d'exploitation car toute la partie du Chaïb-Rasso ne fournirait au trafic peut-être que quelques tonnes de crin végétal et de minerais, si les prospecteurs qui opèrent actuellement dans cette région obtiennent des résultats tangibles.

En ce qui concerne le bassin commercial d'Oudjda, les arguments qui militent en faveur de Port-Say, présentent la même valeur.

D'Oudjda à Port-Say, la distance est de 50 kilomètres environ. D'Oudjda à Nemours par Marnia, la distance est de 70 kilomètres. D'autre part, l'établissement d'une voie ferrée coûterait beaucoup plus cher, en raison de la topographie du terrain, de Marnia à Nemours que d'Oudjda à Port-Say.

Il est vrai qu'une société privée est en instance pour construire la ligne Marnia-Nemours et qu'elle a paraît-il de grosses chances d'aboutir tandis que la ligne Oudjda Port-Say n'est même pas à l'étude ; mais il n'en est pas moins certain que les marchandises provenant d'Oudjda à destination de la mer et *vice-versa* seront grévées de frais de transport plus élevés en passant par Marnia et Nemours que par Martimprey et Port-Say.

D'ailleurs, le port de Nemours sera alimenté tout naturellement par les bassins miniers de Moaziz et par toute la région agricole de la Tafna de Nemours et de Marnia. Il parait donc équitable et conforme aux intérêts des colons de pratiquer en cette matière le *cuique suum* qu'inspire le plus élémentaire souci du développement et de la prospérité de cette région : La partie ouest des Angad, Oudjda et les Triffas à Port-Say ; la partie Est des Angad, Marnia et tout le territoire compris entre Marnia et Nemours à Nemours.

Reste l'objection fournie par les partisans de Nemours relativement au « cône de déjection » de la Moulouya qui aurait pour effet de provoquer à Port-Say des ensablements continuels. Mais si certains ingénieurs émettent cette théorie, d'autres techniciens affirment que l'objection n'est pas fondée et qu'en tout état de cause, le port de Port-Say offrira toujours au moins des conditions de sécurité égales sinon supérieures à la rade de Nemours laquelle, en dépit de toutes les dépenses qui pourront y être faites n'en restera pas moins une rade ouverte à tous les vents.

La conclusion nécessaire de ces conditions sur la valeur maritime de Nemours et Port-Say est que l'effort financier de l'Algérie entièrement dirigé sur Nemours au détriment de Port-Say, est une faute qu'il serait grand temps de réparer sans retard, si on ne veut s'exposer par la suite à de cruels mécomptes en entravant dans de redoutables proportions la prospérité de l'Hinterland, car si les intérêts de Nemours sont assurément fort respectables, il ne s'agit que d'*intérêts particuliers* qui doivent toujours s'effacer devant l'*intérêt général.*

Le panache de fumée qui grandit au large de Milonia annonce l'arrivée du navire à bord duquel je dois prendre passage pour réintégrer Oran.

Je jette un coup d'œil de regret sur l'oasis verdoyante qui fut la conquête d'avant-garde de cette belle et riche contrée : conquête pacifique, tout d'abord où l'énergie et le désintéressement d'un bon Français ont suffi à accomplir des prodiges.

Et pour terminer cette monographie trop succinte de l'Hinterland Algéro-Marocain, il ne me reste plus qu'à souhaiter bonne chance et surtout prompt succès à tous ces braves gens, militaires et colons, qui ont sû se rappeler si à propos dans l'accomplissement de l'œuvre féconde qu'ils conduisent côte à côte, le grand principe de Bugeaud :

« Par l'Épée et par la Charrue..... »

LA PROPRIÉTÉ FRANÇAISE
AUX BENI=SNASSEN

Les surfaces cultivables en terre de bonne qualité du Tell algérien ne suffisant plus à satisfaire aux besoins d'activité et d'initiative de nos colons, certains d'entre eux n'ont pas hésité à se porter vers l'Hinterland Algéro-Marocain ou de vastes espaces de terres en friche s'offraient au soc de la charrue.

C'est principalement vers la plaine des Triffas, autour de Mohamed-Aberkane, que se sont concentrés les nouveaux colons et les acquisitions de terrains qu'ils y ont effectuées se chiffrent dès à présent par 12 à 15.000 hectares.

Notons en passant que ces audacieux pionniers viennent d'un peu partout : de Boufarik, de Mouzaïaville, de Mostaganem, de Bel-Abbès, de Témouchent, etc. Déjà plusieurs d'entre eux ont mis leurs terres en valeur ; on entend les ronflements de la machine à battre autour d'Aberkane : on cite tel propriétaire qui fera cette année deux à trois mille quintaux.....

Ces résultats sont excellents, mais ils ont eu pour effet de fournir matière à de nombreuses controverses sur la validité réelle des titres de propriété dans les Beni-Snassen.

Examinons donc un peu cette question puisqu'elle est au premier plan de l'actualité et qu'elle intéresse au premier chef un nombre important de propriétaires et colons.

Voici comment les choses se passent actuellement. La loi musulmane refusant au sujet marocain le droit de vendre des terres, — dont il n'est du reste qu'usufruitier puisqu'en principe au Maroc, la terre appartient au Sultan — à un « roumi » quelconque, il faut nécessairement procéder par voie d'interposition. Les terres sont vendues à un indigène algérien, lequel les revend ensuite au « roumi ». Pour que la vente soit définitive, il faut se rendre à Oudjda, devant le cadi. Celui-ci, après avoir pris acte des dires du vendeur et de l'acheteur, demande le délai nécessaire pour faire proclamer pendant huit jours sur tous les marchés de l'amalat d'Oudjda les conditions de la vente.

Ce délai périmé, les parties contractantes reviennent devant le cadi, lequel, s'il n'y a pas eu d'opposition, délivre les titres. Ces titres sont ensuite revêtus du visa du commissariat civil et enregistrés au bureau d'Oudjda. L'acheteur peut donc désormais entrer en possession et procéder aux opérations de bornage. Il est prudent toutefois d'habiter ou de mettre un gardien, car il arrive assez fréquemment que les bornes sont enlevées pendant la nuit.

Voilà donc le nouveau propriétaire installé ; il n'a plus qu'à marcher.

— Sans doute, répondent les pessimistes, mais ces titres n'ont en réalité aucune valeur, car ils ont été délivrés en violation de la loi religieuse dite « Sonnah », laquelle déclare nulle et de nul effet toute opération de ce genre. Tant que nous occuperons « effectivement » la région, le Maghzen n'osera pas réclamer, mais que nous venions à évacuer, et les titres de propriété vaudront à peu près ce que valent aujourd'hui les « assignats » émis sous la Révolution...

A cela nous répondons.

Evidemment, tout peut arriver, tout arrive... Mais il est

infiniment probable que nous n'évacuerons jamais les Beni-Snassen. Voici pourquoi : Contrairement à une opinion assez généralement répandue, ce n'est pas à titre de « gage » pris à la suite de l'indemnité de cent millions que nous réclamons au Maghzen pour les dépenses de la guerre dans la Chaouïa, que nous avons actuellement des postes militaires dans l'amalat d'Oudjda. C'est la Chaouïa qui constitue ce gage et non l'amalat d'Oudjda.

Aux termes des conventions de 1901 et 1902, la France doit assurer la sécurité des marchés et le fonctionnement des Douanes marocaines dans l'amalat d'Oudjda. Jusqu'en 1907, le pays étant tranquille, la France n'a pas eu à intervenir ; mais à la suite de l'invasion du territoire français par les tribus de la frontière, invasion suivie du combat très meurtrier de Bab-el-Hassa, nous avons été forcés de faire parler la poudre et d'occuper le massif.

Nous avons donc le droit, indépendamment de toutes les questions de paiement ou de non paiement des dettes contractées par le Maghzen envers la France de rester dans l'amalat d'Oudjda pour y assurer la sécurité des personnes, la surveillance des marchés et le fonctionnement des Douanes.

Cette besogne devrait, à la vérité, être faite par un tabor de police marocaine ; mais la constitution du dit tabor rencontre des difficultés insurmontables, car si elle a été fort difficile dans des régions où elle n'exigeait que le recrutement d'un millier d'hommes, on conçoit qu'elle est impossible quand il s'agit de recruter et d'encadrer les trois ou quatre mille hommes que réclamerait la surveillance de l'amalat d'Oudjda.

Que les timorés se rassurent donc, nous ne sommes pas prêts d'amener notre pavillon.

Évidemment, il peut se produire quelques anicroches. Quand on fait affaire avec les indigènes, cela ne marche pas toujours comme sur des roulettes. On a vu des réclamations surgir, même à propos de « terrains enquêtés », sur divers points de l'Algérie, notamment dans le Sersou. Les indigènes ne sont pas toujours d'une entière bonne foi et vendent parfois des terres sur lesquelles leurs droits de propriété sont plutôt vagues. Mais, comme on le dit vulgairement : Qui ne risque rien n'a rien ; si vous payez 40 à 50 francs l'hectare des terres dont vous estimez la valeur à plusieurs centaines de francs, il est assez naturel que vous encourriez quelques légers aléas.

Encore est-il que ces aléas ne paraissent pas très redoutables et que, sans faire preuve d'un optimisme exagéré, on est en droit d'espérer que les acquéreurs des terrains des Triffas n'auront pas à regretter leur argent.

Quelques jours après que cet article avait paru dans l'Echo d'Oran, ce journal sous le titre : LA PROPRIÉTÉ AUX BENI-SNASSEN, *publiait en réponse l'article intéressant et documenté que voici :*

« Oudjda, 11 juillet.

« Monsieur le Directeur,

« M. Raoul Besson, votre honorable et sympathique collaborateur, a publié, après un voyage à Oudjda et dans les Beni-Snassen, de très intéressants articles sur la colonisation dans l'amalat d'Oudjda.

« Mais les renseignements qu'il a recueillis au sujet des

formes suivies pour l'achat des terres dans les Beni Snas-
sen, et qui ont paru dans l'*Echo* du 8, demandent à être
rectifiés sur quelques points.

« Le plus souvent la promesse de vente à l'indigène algérien intermédiaire, constatant remise des arrhes, est
reçue par le cadi local, lequel procède également à la délimitation du terrain faisant l'objet de la promesse. Les
parties se rendent ensuite devant le cadi d'Oudjda qui
dresse acte de leurs conventions, reçoit le prix de la vente,
la fait publier, non pas pendant huit jours, mais pendant
un mois, sur les marchés voisins, juge les revendications
qui se sont produites, puis délivre, s'il y a lieu, les titres
à l'acquéreur. Le prête-nom indigène peut et doit alors,
par acte sous-seing privé ou notarié, revendre à l'européen,
véritable acquéreur.

« Mais à aucun moment les titres ne sont présentés aux
autorités françaises. Il n'y a donc ni visa du commissariat
civil, ni enregistrement. Et c'est une erreur que de croire
à l'existence de ces formalités protectrices. Presque tout
le monde, il est vrai, la commet, car évidemment, on ne
peut supposer que dans une région que nous occupons si
fortement, dont l'administration tout entière est placée
dans nos mains, et où les Français sont conviés à apporter leurs capitaux, leur industrie, leur activité, à créer
des établissements permanents, aucune mesure n'ait encore été prise pour assurer la sécurité des transactions
immobilières.

« Certes, on peut admirer le mouvement de colonisation
qui a poussé de nombreux Algériens vers la plaine des
Triffas ou des Oulad Mansour, mais on compte ceux qui
ont fait des acquisitions et obtenu des titres, et on ne peut
compter ceux, très nombreux, qui, aussi bien lotis en ar-

gent, énergie et esprit d'initiative que les premiers, sont repartis sans avoir pu réaliser la moindre affaire. Par une serie d'efforts successifs, les uns remplaçant les autres, on arrivera quand même à un résultat. Mais combien ce résultat sera différent de celui qu'on aurait obtenu, si tous les capitaux, toutes les activités qui s'offraient avaient pu trouver leur emploi.

« Notre Gouvernement ne demande pas mieux que de voir nos colons s'établir au Maroc, mais il n'a jamais osé leur donner un encouragement réel.

« L'an dernier, Berkane n'existait pas officiellement. C'était un enfant naturel, né de père et mère inconnus. Et comme on pouvait en reprocher la paternité aux autorités militaires, celles-ci ont dû l'abandonner. Aussi cet enfant, mal soigné, serré dans ses langes, ne peut-il grandir et se développer comme il le devrait. Et cependant, de constitution robuste, il vit et conquiert quand même sa place au soleil et oblige aujourd'hui notre Gouvernement, bon gré mal gré, à le reconnaître.

« De même, en ce qui concerne les transactions immobilières, le droit d'acheter n'est pas reconnu officiellement aux Français et autres européens. Qu'ils se cachent, s'ils le veulent, derrière un indigène algérien, mais que tout se passe entre indigènes, les autorités françaises n'interviennent pas.

« Une telle thèse pouvait, à la rigueur, être admise au début, mais aujourd'hui que de vastes terrains sont passés entre les mains d'européens, de Français surtout, il n'est pas digne de notre Gouvernement de continuer à paraître ignorer les transactions qui se font : ces transactions, sans toucher en rien aux institutions musulmanes et aux prérogatives des cadis, doivent être régularisées et protégées dans l'intérêt tant des acquéreurs que des vendeurs. Il ne faut pas que les intermédiaires indigènes et les courtiers soient les seuls maîtres de la situation.

« J'indiquais tout-à-l'heure les formalités actuellement suivies en matière d'acquisitions immobilières. Mais, pour l'accomplissement de ces diverses formalités, il n'y a pas de délai fixe ; des mois s'écoulent avant que le titre soit remis à l'acquéreur : et c'est seulement après la traduction de ce titre qu'une vente régulière peut intervenir entre l'intermédiaire algérien et l'acquéreur européen. A ce moment, s'il ne s'en est déjà produit, que de difficultés peuvent survenir à l'occasion de la réalisation de cette vente ! Il serait aisé et intéressant d'en donner des exemples typiques, mais ce serait allonger cette lettre.

« Une telle situation ne peut se prolonger.

« Que les autorités françaises ne croient pas se désintéresser plus longtemps des opérations immobilières ; que des agents, qu'il serait facile de trouver dans l'administration algérienne, suivent ces opérations ; qu'une police rurale soit instituée ; que la délimitation, le plan des terrains soient faits de manière à éviter plus tard toute contestation de limite ; que des délais soient prescrits pour l'accomplissement des diverses formalités : que les titres soient soumis au visa du commissaire du Gouvernement et enregistrés ; et qu'enfin les européens aient, dans la zône que nous occupons, le droit d'acquérir directement en leur nom.

« Attend-t-on pour leur accorder ce droit que la France ait conquis le Maroc ? Mais la France n'a pas à conquérir le Maroc et ne le veut pas. Elle peut, en dehors de toute idée de conquête, exiger que les européens, ou tout au moins ses nationaux, puissent exercer dans les régions, telles que la zône frontière, où ils peuvent être utilement protégés, tous les droits que les Marocains peuvent exercer en territoire français. Les Marocains ont le droit d'acquérir librement en Algérie ; pourquoi les Français ne pourraient-ils pas acquérir au Maroc et obtenir directement un titre, au lieu de ne l'obtenir que par subterfuge ?

« On oppose la loi religieuse dite « Sonnah » laquelle, dit M. Besson, déclare nulle et de nul effet toute vente consentie à un non musulman.

« Il y a aussi la fiction qui veut que la terre appartienne à Dieu ou au Sultan, représentant de Dieu, qui en confère seulement la jouissance à ses sujets ; mais ce n'est là qu'une fiction. La formule coranique est celle-ci :

« La terre morte (celle qui n'appartient encore a per-
« sonne) est acquise au premier occupant par sa mise en
« valeur » (Sidi Khalil, art. 1203 et 1204).

« Les musulmans ont donc le droit d'être propriétaires.
« Peuvent-ils vendre à un non musulman ?
« Voilà ce que l'on trouve à ce sujet dans le code de Sidi Khalil, qui fait foi   matière :

« Art. 5. — Les sujets non musulmans ne peuvent ac-
« quérir les choses sacrées, telles qu'un livre saint ou un
« esclave musulman ou mineur ».

« Un cimetière est une chose sacrée, il appartient aux morts ; acquérir un cimetière est évidemment une chose défendue, illicite. Une telle acquisition, en admettant qu'elle puisse se faire, est nulle. Mais il n'est pas interdit aux non musulmans de devenir propriétaires d'une chose non sacrée, telle qu'un terrain de culture, un jardin, une maison.

· « Nous lisons plus loin :

« Art. 1213. — Dans les pays voisins des centres de po-
« pulation, toute occupation, même par un musulman,
« devra être préalablement autorisée par le chef de l'État ;
« faute de quoi il dépendra du Prince de l'approuver ou
« de considérer le détenteur comme possesseur de mau-
« vaise foi.

« Art. 1214. — Au contraire, dans les pays éloignés,
« l'autorisation n'est pas nécessaire, même au sujet tribu-
« taire, sauf dans la péninsule arabique ».

« Voit-on là des termes qui excluent un non-musulman
du droit d'être propriétaire ? Non assurément. Dans les
pays voisins des centres, le musulman, comme le non-
musulman, est soumis à une autorisation, qui a dû être
accordée au début de la conquête, une fois pour toutes ;
mais dans les pays éloignés aucune autorisation n'est nécessaire à l'un comme à l'autre.

« Et de fait dans tous les pays musulmans, aussi bien
dans la Turquie d'Europe que dans la Turquie d'Asie, où
les Allemands ont créé des villages et fondent des établissements agricoles très importants : dans la Tripolitaine,
où les Italiens ont acquis de vastes propriétés : en Perse,
où Anglais et Allemands rivalisent dans la conquête économique du pays ; et au Maroc lui-même, les étrangers
non-musulmans ont toujours pu faire l'acquisition de biens
immeubles ; et jamais leurs Consuls et leurs Gouverne-
ments ne toléreraient qu'ils soient molestés et dépossédés.

« Que les autorités musulmanes aient cherché à faire
obstacle à ces acquisitions, c'est possible, mais elles se
sont faites quand même. Au surplus, qu'au Maroc il existe
ou non une loi religieuse qui interdise de vendre aux

étrangers, cette loi tombe devant les dispositions de l'art.
60 de l'Acte d'Algésiras ; qui ne peut se lire autrement qu'il
n'est écrit et qui est ainsi conçu :

« Conformément au droit qui leur a été reconnu par
« l'art. 11 de la convention de Madrid, les étrangers peu-
« vent acquérir des propriétés dans toute l'étendue de
« l'Empire chérifien ».

« La zône frontière fait évidemment partie de l'Empire
chérifien. On objecte, il est vrai, et avec raison, que l'Acte
d'Algésiras ne s'applique pas à la zône frontière, parce que
nous y occupons une situation privilégiée, réglée par des
conventions antérieures. Or, il n'est pas admissible qu'en
acceptant les stipulations de l'Acte d'Algésiras, aux termes
desquelles les étrangers peuvent acquérir dans toute l'étendue de l'Empire chérifien, nous ayons entendu nous inter-
dire d'acquérir nous-mêmes dans la zône placée directement sous notre influence.

« D'ailleurs, depuis, les événements ont marché ; nos
troupes aussi. Nous rendons au Sultan des services inap-
préciables. Nous lui conservons, sans qu'il ait besoin d'y
entretenir un seul soldat, un territoire immense. Nous
faisons régner l'ordre et la paix parmi ses sujets. Nous
faisons rentrer régulièrement les produits des douanes,
les impôts. Nous ouvrons de nouveaux marchés, construi-
sons des routes. Et, dans ce pays, si bien administré par
nos soins, pourvu de nombreux fonctionnaires qui rivalisent de zèle pour le bien du Sultan et de ses sujets, nous
n'aurions pas le droit, nous, Français, d'acquérir en notre
nom des propriétés immobilières ? Si nous ne l'avons pas,
nous n'avons qu'à le prendre, en invoquant les traités, afin
de faire cesser la comédie actuelle, et le Sultan, qui nour-

rit à notre égard, ainsi que le proclame El Mokri, les plus purs sentiments d'amitié, ne pourra qu'approuver la franchise de notre décision.

« Veuillez agréer, Monsieur le Directeur, etc. ».

E. F.

Enfin, pour éclairer et documenter le lecteur dans toute la mesure du possible sur cette question épineuse et fort compliquée, il paraît nécessaire de reproduire le chapitre suivant du volume que vient de publier M. René Leclerc, le très distingué délégué du Comité du Maroc à Tanger sous le titre : SITUATION ÉCONOMIQUE DU MAROC. *Il est bon toutefois de faire observer que René Leclerc a envisagé la question sous une forme générale tandis que l'amalat d'Oudjda est aujourd'hui placé dans des conditions particulières.*

Voici ce que dit René Leclerc :

L'Acte d'Algésiras reconnaît, — comme, du reste, le Protocole de Madrid, en 1880, — que les Européens peuvent acheter *partout* au Maroc, avec l'assentiment du Maghzen. Mais cet assentiment est hypothétique et à peu près impossible à obtenir. Ceux qui ont voulu néanmoins acquérir des terrains, en dehors des zônes *licites*, ont donc dû employer des moyens détournés. *En droit*, ces moyens seraient contestables si on agissait dans un pays civilisé, organisé, disposant d'une législation précise qui se manifesterait dans un Code applicable à tous. *En fait*, la situation est particulièrement complexe, puisque le Gouvernement local est incapable de manifester matériellement ses attributions de souveraineté, de police et de législation relativement à l'intérieur du pays. Devant cet état incertain des choses, la *raison* semble être du côté de celui qui agit, qui achète, qui paie et qui use de moyens reconnus *légaux* par le droit musulman, et, en réalité, c'est la thèse qui a jusqu'ici prévalu. En attendant la confection d'une législation spéciale en la matière, adoptée par tous et applicable pour tous, on est donc tenu de compter comme valables les acquisitions immobilières effectuées grâce à ces procédés.

Parmi les modalités auxquelles ont recours ceux qui veulent passer outre la mauvaise volonté ou l'inertie du Maghzen, je citerai le plus courant :

Un notable européen, dont le chiffre annuel d'affaires commerciales est assez important pour lui permettre d'avoir un *censal* indigène, choisit comme censal un Marocain intelligent, rompu aux difficultés des acquisitions immobilières et présentant une surface solide. L'Européen donne une procuration générale à son censal musulman devant les *adoul* qui dressent un acte d'*oukala* (procuration). Désormais, toute opération commerciale ou autre que fera le censal en question, il la fera au lieu et place et au nom de son commanditaire européen. Les *adoul* de Tanger dressent de ces sortes d'actes très couramment et ne font point de difficultés à ce sujet. Sur la côte, on obtient des *adoul* cette formalité, mais à des tarifs variables.

Le *censal* marocain se met donc à faire des achats de propriétés en se conformant aux usages locaux qui président aux acquisitions entre indigènes. Le talent de l'Européen consiste à guider son agent pour l'amener à faire des opérations utiles et sûres et à prendre toutes les précautions que dicte le droit musulman en pareille matière.

Certains, pour plus de sûreté, font dresser à nouveau par les *adoul* un constat de *command,* procuration spéciale qui existe en droit musulman comme en droit français, et qui établit que toutes les opérations effectuées par le censal acheteur l'étaient au *nom* de son associé européen.

Au fur et à mesure que le *censal* prend possession des titres des propriétés qu'il a acquises, il remet ces titres et les actes de vente à son commanditaire. Je ne saurais trop recommander l'utilité qu'il y a à faire traduire toutes ces pièces, et à les numéroter. Elles sont parfois fort nombreuses et il faut toujours craindre qu'il ne se glisse, parmi elles, certains papiers susceptibles d'entacher de nullité telles opérations.

L'Européen intéressé, pour se mettre en règle vis-à-vis de son censal, a alors le choix entre différentes formalités :

1° Il peut passer acte de vente sous seing privé avec son censal en faisant constater ladite vente par son Consulat qui donne acte du contrat intervenu entre l'acheteur et le vendeur (c'est la transcription : coût 12 francs) ;

2° L'Européen, peut, dans certains Consulats, passer acte de vente *notarié* avec son censal devant la Chancellerie de son Consulat, si le consul s'y prête. (1) Coût 1/2 % de la valeur de la propriété.

On pourra faire remarquer que, puisque le censal a une procuration générale (souvent suivie d'une déclaration de *command*), il n'est guère utile qu'il *rende* à son commanditaire les immeubles qu'il vient d'acquérir. En effet, en se basant sur le strict droit musulman, le censal n'achète jamais pour lui-même, mais pour son mandant. Mais dans un pays qui, comme le Maroc, se débat au milieu de l'anar-

____

(1) Certains consu's n'admettent pas cette procédure.

chie administrative et législative, les Européens ont estimé qu'ils ne sauraient prendre trop de précautions. Ils ont voulu être *autant que possible*, en règle avec le droit musulman et en règle avec la législation européenne, de façon à ce que, si une revendication en nullité d'achat était tentée contre eux, le revendicant se trouve en présence : 1° d'opérations effectuées en conformité de la loi musulmane ; 2° de constatations officielles desdites opérations dans les Consulats des acquéreurs intéresés. Le pouvoir local, très insuffisamment armé, grâce à la faiblesse de ses moyens administratifs, trouverait difficilement des arguments impeccables pour obtenir l'annulation pure et simple d'achats immobiliers ainsi effectués, à condition naturellement que la vente consentie au censal ne soit pas entachée de vices rédhibitoires prévus par la législation musulmane.

§ 6. — SURVEILLANCE DES BIENS FONCIERS ACQUITS

Une fois que l'acquisition d'une propriété sise à l'intérieur du pays a été menéé à bien, on ne saurait trop conseiller au propriétaire de faire acte de possession rapide et constante, surtout si les terrains achetés sont situés dans une région difficile et quasi-indépendante. Le propriétaire doit, en effet, s'attendre à ce que les autorités locales *(caïd ou cheikh)* ne fassent rien pour lui faciliter sa tâche il doit de plus appréhender de la part des vendeurs, — ou de tierces personnes, — des tentatives en vue de revendre le même immeuble à un nouvel acquéreur.

Grâce à un censal indigène se rendant assez fréquemment sur les lieux, il faudra arriver à ce que les occupants (bergers, pasteurs, petits paysans) ou bien déguerpissent ou bien consentent à un acte de location, renouvelable tous les ans, passé devant les *àdoul* de l'endroit. On pourra aussi installer sur les terres acquises soit des associés agricoles *(mokhalat)* soit des métayers, chargés de veiller à ce que la propriété reste inacte, à ce qu'aucun empiètement ne vienne entamer sa superficie à ce qu'aucune opération nouvelle ne vienne annuler ou contester la validité de l'acquisition récente.

On devra aussi s'efforcer de dresser, provisoirement, un *plan* des terrains, en utilisant les déclarations des *adoul*, les indications des titres, et en faisant, si possible, un levé topographique rapide sur place ; les terrains, sur ce plan, seront désignés par leurs noms indigènes. Cette nomenclature sera très utile quand il s'agira plus tard, de dresser un plan plus précis ou de faire valoir ses droits.

RENÉ-LECLERC.

CONCLUSIONS

Il résulte des diverses opinions formulées ci-dessus sur la propriété au Maroc et en particulier dans l'amalat d'Oudjda que la question est, en réalité, assez complexe.

D'une part, l'acquisition de la propriété est entourée de difficultés de nature à arrêter les velléités d'achat des personnes auxquelles les transactions en matière foncière avec les arabes ne sont pas familières. D'autre part, la sécurité dans l'exercice du droit de possession demeure toujours un peu précaire. Pourtant, ce qui est absolument certain, c'est qu'autour d'Aberkane plusieurs grands propriétaires ont déjà commencé à mettre en valeur les terrains qu'ils ont acquis. Donc, s'il existe des difficultés, elles sont loin d'être insurmontables.

On sait que les accords conclus entre le Maroc et les puissances européennes à la suite de la Conférence d'Algésiras prennent fin en 1911. Il est probable qu'à cette date, une nouvelle Conférence aura lieu, au cours de laquelle, cette question de la propriété sera mise au point — c'est-à-dire que les propriétaires européens ayant acheté et payé leurs terrains verraient désormais leur droit de propriété garantis par les autorités du pays. Quoiqu'il en soit, bien que le *modus vivendi* actuellement en vigueur dans l'amalat d'Oudjda soit le résultat de circonstances que nul ne pouvait prévoir, il serait grandement à souhaiter que le Gouvernement français cherche une solution mieux en harmonie avec les gros intérêts qui y sont engagés.

C'est affaire à notre diplomatie. Nos rapports avec Moulay-Hafid se sont notablement améliorés depuis quelques mois. Le Sultan semble enfin comprendre que la France dispose de moyens d'action avec lesquels il faut compter. Il serait nécessaire de profiter de ces heureuses dispositions pour en finir avec une situation qui paralyse la bonne volonté de beaucoup de capitalistes qui seraient décidés à marcher de l'avant.

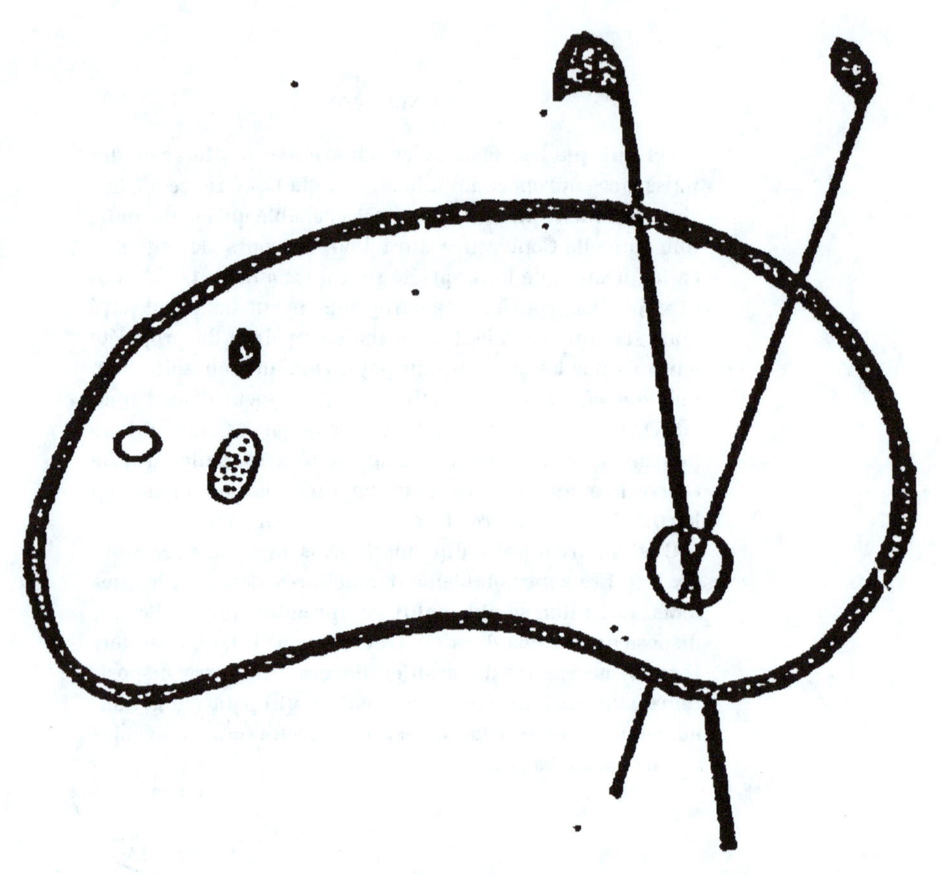

ORIGINAL EN COULEUR

NF Z 43-120-8

www.ingramcontent.com/pod-product-compliance
Lightning Source LLC
Chambersburg PA
CBHW061324060726
47596CB00003B/1073